Marion Jana Goeritz

Mut verspricht Lebendigkeit

Bibliografische Information der Deutschen Nationalbibliothek:

Die Deutsche Nationalbibliothek verzeichnet diese Publikation in der Deutschen Nationalbibliografie; detaillierte bibliografische Daten sind im Internet über http://dnb.dnb.de abrufbar.

Herstellung und Verlag: BoD – Books on Demand, Norderstedt

ISBN: 978-3-7528-5071-0

Herzlich Willkommen liebe Leser,

"Mut verspricht Lebendigkeit" was sollte ich dazu noch sagen. Alles steckt in dieser Zeile! Einfach wagen und alles geschieht fast von selbst.Beim Lesen wünsche ich ihnen Freude und entdecken sie vielleicht eine Zeile die mit ihnen spricht, wünsche ich ihnen Mut zur Lebendigkeit.

Herzlichst

Marion Jana Goeritz

Leere gefüllt

am Abend vor dem Morgen

der den Sinn im Leben wieder finden lies

Erinnerungen brauchen wir

doch nicht so viele

das alte Neue ist interessant

nichts berührt so sehr

wie Seelenworte die nicht genügen

Blicke werden sich finden

ist die Zeit nicht mehr ver-rückt

Der Mond bei seinem Lauf

schaut der Erde auch beim schlafen zu

Lichtermeer in der Finsternis

manche von uns rasen

andere stehen einmal still

bis die Sonne

die Erde sehend wieder berührt

Regenbogen verzaubert die Welt

im Licht seiner Farben

Feentanz

hohe Wellen über grünen Bäumen

bunt wie Edelstein sein Weg

er spannt sich weit von Anfang bis Ende

vom Regen bis zur Sonne

egal wie weit er auch ist

wir werden ihn nie begehen

Zeit die nie vergeht

ist oft lieblose Zeit

ehrlich sein im Leben

bringt Lorbeeren ein

für alle die danach leben

früher oder später

Deine Tränen

laufen über mein Gesicht

schöne Gefühle besuchen mich

wenn du doch nur verstehen könntest

was ich fühle

manchmal schien es nicht von meiner Welt

Was kann schon zerbrechen

das ewig währt

dein Licht

es leuchtete das Dunkel hell in das ich sah

eine alte Liebe rostet nicht

wann auch immer sie lebte

sie ist immer noch da

oder auch nicht

Wisse

es geht um dich

nur um dich

wenn du fühlst

es ärgert dich das ein anderer besser scheint

ein anderer mehr Dinge um sich scharrt

ein anderer mehr Meinung äußert

ein anderer teurere Kleider trägt als du

und all diese Dinge die dich so sehr stören

wisse es geht um dich

nur um dich

dein Defizit es weckt dich auf

für dein Leben dich einzusetzen

und der andere wird ein Freund ohne es zu wissen

Mein Gefühl für mich

mutig

nach all den Erfahrungen

habe ich meine Liebe

für die Welt nicht verloren

das zu fühlen ist es

was sich auch lohnt zu leben

Es kam ein junger Mann des Weges

der traf den Alten der da stand und wartete

so gern will ich zum Berg hinauf

und auf ihm mein Blick mal ändern

auf meine Welt

wie heißt die Straße die zu ihm führt

Liebe sagt der Alte ihm

die Straße heißt Liebe

und wenn ich den Berg erklommen

und beim Abstieg einkehren möchte in eine Baude

kennst du eine und wie heißt sie die du kennst

ja sprach der Alte

ich kenne eine unten am Fuße des Berges

Liebe heißt sie Liebe

der junge Mann wunderte sich

denn die Straße auch die Baude

trugen den gleichen Namen

wer weiß ob das so stimmen würde

und vielleicht sollte er doch umkehren

und wenn ich umkehre

und mein Weg zurück ein anderer sein sollte

14

wie heißt der Weg weißt du das auch

einen Weg zurück junger Mann

den kenne ich nicht

immer der Liebe nach und sie kommen an

Baustelle Liebe

Mauern gezogen hoch und höher

Worte verlogen und nicht schlauer

nichts ist mehr wie es einmal war

die Frage ist was einmal war

miteinander reden und den anderen bewegen

sich einlassen wollen ein Muss

Mauern werden eingerissen

Worte sprechen von Vertrauen

Liebe ist ein Gefühl

das in einem wohnen muss

um es auch zu spüren

Ihr Frauen in den Chefetagen

weiter so hinauf

das Tun habt ihr auf eurer Seite

schlauer seit ihr noch zu Hauff

Halbe Schatten fallen

aus einem ganzen Licht

der Himmel er wird wachen

das uns nichts geschieht

Sterne funkeln Nächte hell

Sonnenlicht kehrt immer wieder

Fragen sind nicht aktuell

ich weiß du fühlst bald wieder

Liebe

Woher jemand kommt ist doch unerheblich

was jemand ist interessiert doch wenig

wohin jemand reist ist wichtig für mich

was er denkt und fühlt

das spricht für sich

Ein Kind der Sterne wäre er so gerne

fliegen möchte er

wenn der Wind frisch auf der Erde weht

nicht schweigen möchte er

wenn es um sein Verlangen geht

ein Kind der Sterne wäre er so gerne

und manchmal weint er heimlich

weil seine Seele nur Sehnsucht lebt

ist es auch nur ein einsamer Augenblick

vielleicht wird er ihn lehren zu sich zu stehen

Tanze Seele tanze

das Licht ist an

die Farben strahlen deinen Mantel hell

er wird fliegen

beim drehen wie ein bunter Luftballon

tanze Seele tanze

deine Narben heilen

deinen Mantel

kannst du offen tragen zur Musik

deine Seele hell wie tausend Sonnen

trinkt Glück

es ist genug auch für zwei

Sonnentanz

im Meer der Erinnerungen

Farben spielten nur schwarz und weiß

nun wissen wir was Leben ist

es heißt

wer nicht alle Farben malte

spazierte nicht auf ihr

jetzt sind wir auf dieser Welt

das Bunt

gehört nun endlich uns

Halte auch mal ein

im Zuge des Erwachens

Überschätzung hilft dir nicht

Zeit kann ein Heilmittel sein

wenn du über Liebe sprichst

die dir jemand spiegelt

nicht die Sekunde

auch die Stunde ist nicht gemeint

sondern wie du dich entwickelst in dieser Zeit

Farben dazwischen entstehen

wenn Entscheidungen fehlen

die zu einem gehören

dunklere Schattierungen funkeln

weil die helleren noch nicht gewählt

Einen Augenblick im Traum die Liebe gefühlt

Angst versperrt den Weg

ist der Mut nicht am Start

Liebe ist ein Gefühl

das einem allein gut stehen kann

doch gibt es da noch wen

wird sie geteilt und wird noch mehr

Seine Worte flogen zu schnell

Erinnerungen kommen wieder

wenn die Seele leer

Ort der Geborgenheit noch nicht gefunden

Seele scheint nur so

ihr Licht verhüllt

warte nicht sondern starte ins Leben

Meereswogen glätten sich nicht

nur weil er es gern hätte

er müsste sie zähmen

aber wie wenn er sich nicht kennt

Sie schweigt ganz still

versunken in ihrer Traumwelt

erzählen Farben anders

als sie es erlebt

ihre Wut längst verflogen

mit dem Wind zog sie davon

und er trug sie übers Meer

dort fiel sie als Regen nieder

der auf den Wellen seinen Abschied fand

Er traf sie wieder

der Schnee fiel und beide sahen sich in die Augen

Vertrautheit war sofort da

er erzählte ihr aus seinem Leben

und sie verstand ihn so gut

kein Wunder für beide nicht

schon als Kind spielten sie Mann und Frau

etwas zog sie zu ihm

etwas war in ihm das ihn erzählen lies

und dankbar war er das er es tat

gib bitte acht auf dich

waren ihre Abschiedsworte

die er im Herzen behielt

Blumenwiesen bunt und prachtvoll

stehen in der Sonne Licht

liebende Gesichter betrachten sie

so lang die Blüten Farben tragen

doch sind sie welk und niemand schaut

so dachte ich mir schon einmal

würde ein Mensch mit mir so umgehen

er wäre nicht der Richtige für mich

Deine Seele schaut sie nach mir

in den Nächten die dem Silbermond gehören

an den hellen Tagen im Sonnenlicht

spricht sie Liebe

wenn sie dich trifft am Herzen

das sich so sehr sehnt wie das meine

manchmal glaube ich nicht das ich träume

es gibt eine Zeit die nur Liebe spricht

es gibt eine Zeit die nur Mut spricht

doch es gibt auch eine Zeit die Zweifel kennt

doch die Seele schickt mir Vertrauen

immer wieder

so gehe ich nach vorn ohne Angst

unser Wille sollte Liebe sein

mit allem was dazu gehört

doch ich werde mich nicht täuschen lassen

der Schmerz wäre dir gewiss

denn der Himmel

er wacht immer über mich

Klopfzeichen habe ich nie gewollt

es war mir so ernst

vielleicht lebte mancher Tage Angst

doch ist das ein Verbrechen

wenn man kein Gefühl kennt

das einem so aus der Bahn werfen kann

manch anderer

von Liebe spricht

Wenn ehrlich sein ihm schwer fällt

wenn die Angst vor der Wahrheit

ihm die Luft nimmt

wenn die Angst mehr Beachtung

als das Vertrauen erhält

bräuchten sie doch gar nicht erst anzufangen

warum also hängen sie noch immer zusammen

sie verstehen es nicht

könntet ihr euch denn vorstellen

das ihr miteinander

einmal wirklich darüber sprecht

es wäre doch wichtig

für euch zwei

Was feierst du heute

wer ist geladen von dir

die dich wirklich lieben oder die anderen

warum lebst du nicht endlich die Liebe

die du in dir fühlst

du wärst so reich

es wäre richtig

dann wärst du ein Mann der Ehrlichkeit

du rettest die Ehre der Familie

doch du lachst mit ihr

obwohl sie dich als Kind zum Weinen brachte

was deiner Seele noch immer zu schaffen macht

du lädst eine andere ein

obwohl sie dir nicht gönnen mag

deine Seele weint dazu

du öffnest ihm die Tür

obwohl er dich nicht zu lieben scheint

und du rennst ihm ständig hinterher

das muss man erst einmal verstehen

ich kann es nicht

wann beginnst du dich zu lieben

was meinst du

warum kam ich in dein Leben

mitten in der Nacht als heller Schein

der deine Seele berührte mit meinem Licht

bestimmt nicht damit du so weitermachst

und dich vergisst

ich lasse es nicht zu

Wolkenberge verhüllten deine Seele

ihr Licht nur gedämpft fiel es in deine Welt

über dir der Himmel

der sich über dich beugte

er küsste deine Seele hell

dein Licht es strahlt weit in die Ferne

über dir der Himmel

der sich über dich freut

das du deinen Weg gehst

der Liebe spricht

Freier Fall

mitten in der Nacht Sternenmeer angezündet

Flammen verbrennen Einsamkeit

das Licht das wirklich Liebe spricht

sind nur zwei

ihre Seele und sie

es gibt nur eine Seelenkönigin

liebst du sie wirklich ehrlich

wird sie deine Frau sein

nur fühlt sie es so nicht

Herzbewegend
Worte erreichten sie
silberne Pfeile trafen sie
vieles anders auf einmal im Leben
goldene Sonne am Horizont wohnt
Farbenspiel nicht verjagt
Mond noch immer seine Bahn zieht
doch das Sternenmeer in der Nacht
scheint heller als zuvor
ihr Gefühl neu geboren
sie weiß was sie fühlt
egal was einer auch spricht
die Angst der anderen
ist nicht die ihre
das weiß sie schon mal

Nebelbänke der Vergangenheit

wollen so gern stehen bleiben

dabei weiß das helle Sonnenlicht bereits

sie werden weiter ziehen

im goldenen Licht werden sie sich verlieren

und ist die Reise erst begonnen

werden sie verstehen

warum sie sich verloren

Ein Leben genügte nicht

um die Sonne auch zu spüren

war der Weg einst auch steinig und schwer

er war es wert zu gehen

Stärke kommt nicht von allein

wenn auch einmal verloren

das man glaubte zu brauchen

Illusion falsches Spiel aufgeflogen

Wahrheit kämpfte sich durch

und gewann

Dein Mut hat dich aufbrechen lassen

die Kruste der Seele bäumte sich auf

brach und du konntest die Sonne spüren

die Ignoranz der anderen störte dich

missionieren gelang wenig

so warst du oft allein

einer der es wissen wollte

war nicht der

der er vorgab zu sein

ent-täuscht

hast du ihn ziehen lassen

kein Kontakt auch in Ordnung

waren seine Worte

nicht wissend

das er es einmal so erleben würde

er dachte

du wärst nicht anders als er selbst

Täuschung

Der Spiegel zeigt dich

mit allen deinen Stärken

die Schwächen akzeptiert

doch sie liegen brach

bis du die Stärke findest

sie zu wandeln

Der Sturm der Wahrheit

wird zum Orkan

wenn man nie bei sich war

Ignoranz der eigenen Gefühle

kann dunkle Früchte tragen

darum arbeite an unguten Gefühlen

die sich integrieren wollen

gute Gefühle lassen dich fliegen

sie leuchten nicht nur

in der Sonne Leben hell

Wenn ein Morgen viel verspricht

das Gestern noch nicht verpackt

weil es sich im Heute spiegelt

und eine Kontrolle wichtig scheint

fehlt Vertrauen ins eigene Tun

Erlaube mir zu sein wie ich bin

eine Probe gibt es nicht

vielleicht geht auch einmal was daneben

doch mein Mut hat mir beigebracht

nach vorn zu sehen und nicht so oft zurück

aufrecht gehen was auch geschah

die Zeit heilt nicht alle Wunden

aber sie läuft mit und vielleicht

tun ihr auch mal ihre Füße weh

und wir ruhen aus

eine Überlegung wert

alles kann immer wieder neu begonnen werden

alles kann immer geändert werden

im Heute

für einen guten Morgen

Habe Mut zu vertrauen

lerne so gut es geht

schwinge deine Flügel einmal mehr

sie bringen dich zum Farbenspiel

das da wartet schon auf dich

im Reigen der neuen Zeit

Beende das Warten

es sind die Tage nicht wert

nichts im Leben kann geändert werden

wenn es nicht von innen nach außen geht

und ein mancher will es eben nicht

den Frieden im inneren spüren

nimm deinen Sonnenschein

und geh deinen Weg

Vielleicht verletzt du nur

weil du liebst und nicht weißt

wie du leben sollst ohne sie

vielleicht lügst du nur

weil du nicht liebst

und nicht weißt wie du leben sollst ohne sie

vielleicht änderst du dich nie

weil du dich liebst oder auch nicht

und nicht weißt wie du leben sollst ohne sie

vielleicht überlegst du nicht

sonst hättest du des Rätsels Lösung schon

Auf dem Weg zu mir

fand ich eine Wahrheit

die mich forderte

nie würde ich einen lieben wie dich

und doch ist ein Gefühl in mir

obwohl du so ganz anders bist

es macht mich glücklich

es verletzte mich tief

es schreckte mich ungemein

und doch fand ich wieder zurück

welche Wahrheit ist das wohl

manche sprechen von Liebe

und für mich ist es

ich weiß es nicht

ein Gefühl das nicht für mich bestimmt ist

und doch fühle ich es

warum

weil er nicht ehrlich spielt

ich habe es erkannt

und das macht ihn nicht gefährlich

Gott sei Dank

Die Zeiger der Uhren stehen still

zeigen fünf vor zwölf

die Welt sie dreht sich weiter

so als ob nichts geschehen wäre

dabei sterben Menschen Hungersnot

Kinder verlieren Heimat

Frauen beweinen den Vater ihrer Kinder

und während der Norden im kalten Eis erfriert

bleibt der Süden auf sich gestellt

Soldaten kämpfen noch immer in Schützengräben

warum singen sie nicht ihren Kindern

Lieder vom Frieden

die Zeiger der Uhren stehen still

und die Glocken läuten Frieden ein

nur wann wird es so weit sein

diese Frage

können wir uns nur selbst beantworten

und hoffen wir es ist auch bald

Wenn der Abgrund Wasser zeigt

und Wellen schlagen Felsen weich

der Albatros seine Schwingen breitet

und Schiffe hinaus aufs Meer begleitet

halte mich und lasse mich los

werde ich fliegen mit dem Vogel der Lüfte

schwebe ich im Angesicht der Welt

die so groß erscheint

und sich in mir zeigt im Kleinen

aber nicht weniger kraftvoll

Sonnenlicht möge scheinen

und Regen bringt Segen für die Seele

die sich hält im Flug des Anderssein

der Albatros noch weiter draußen

ich höre seine Schreie und sie lassen mich fühlen

trau deinem Flug nach oben

deine Flügel glänzen im Sonnenlicht

und tragen dich

über alle Berge und Meere dieser Welt

hin zum Regenbogen bunt

Das Schicksal bestimmt den Weg

der Himmel wacht darüber

im Angesicht der Liebe

schenkt es Zuversicht

das alles zum Besten sich wenden wird

vertraue in deine gute Kraft

alles andere wird welken

Wenn keine Maske stört
der Blick frei von Nebelbänken
das wahre Wort in die Freiheit findet
lebt die Welt im Frieden

Wenn er nicht fühlt

weil er nicht akzeptieren könnte

was in seiner Seele wohnt

wenn er nicht will

weil er die nicht verlieren möchte

die vielleicht

doch nicht zu seinem wahren Leben gehören

was bleibt ihm dann noch

diese Frage ihm zu stellen

braucht Mut

Der Lichterglanz einer Nacht

erhellt die Straßen in der Stadt

Fluss abwärts geht es hinaus ins Land der Träume

Fluss aufwärts hinein ins Land der Träume

bis der Fluss das Meer dann küsst

am Rand der Welt

innig und so als käme das Wasser niemals wieder

der Lichterglanz einer Nacht

lässt uns träumen vom Fluss

der durch die Lande fließt

ganz egal welche Richtung wir auch wählen

wir haben nichts zu befürchten

du und ich

Wenn der Wind erzählte von seiner Reise

die er wählte bevor sie begann

sprach er von dunklen Wolken die er jagte

damit das Himmelblau gewann

und das ist wohl immer so

Wer sind wir

das können wir nur erfahren

wenn wir auf die Seele hören

woher wir kamen und wohin wir gehen werden

wie wir wählten in schwierigen Tagen

ob wir uns selbst genug liebten

die Wahrheit zu tragen weit in die Welt

damit der Frieden sich einstellt an allen Tagen

denn Liebe und Frieden

sind die zwei Säulen auf ihr steht die Welt

im Großen doch zuerst im Kleinen

Mut verspricht Lebendigkeit

Farben werden ausgetauscht

schwarz wird rot

Weiß tanzt sich rosa zart

diese Farben sie willst du tragen

dein Hemd geknöpft und etwas offen

was brauchst du noch in deiner Zeit

alles andere fliegt dir zu

Von Marion Jana Goeritz ebenfalls beim Verlag BoD erschienen (BoD Books on Demand, Norderstedt, nähere Informationen finden Sie unter www.BoD.de)

„Liebe für die Seele Band 1"
ISBN 978-3-7357-4045-8

„Liebe für die Seele Band 2"
ISBN 978-3-7357-7734-8

„Seelenweiß"
ISBN 978-3-7347-5769-3

„Seelen essen Liebe gern"
ISBN 978-3-7347-8706-5

„SeelenEngel" ein spiritueller Erfahrungsbericht
ISBN 978-3-7386-2588-2

„SeelenSchlüssel"
ISBH 978-3-7386-3844-8

„Seelenfarben"
ISBN 978-3-7386-3947-6

„Seelenschimmer"
ISBN 978-3-7386-4014-4

„Seelenfinden"
ISBN 978-3-7386-4037-3

„Ein Gefühl meiner Seele"
ISBN 978-3-7386-1506-7

„Seelenfrieden" Danken, Bitten, Ent-
spannung ein persönlicher Erfahrungs-
bericht
ISBN: 978-3-7386-4884-3

„Seelenweihnacht"
ISBN: 978-3-7386-5616-9

„Im Land unter dem Regenbogen"
Wunderbare Märchen und unglaubli-
che Geschichten
ISBN: 978-3-7392-0115-3

„Freddy und seine Geschichten"
ISBN: 978-3-7386-3321-4

„SeelenWorte"
ISBN: 978-3-7392-0455-0

„Herzanker"
ISBN: 978-3-7392-3482-3

„Im Fluss der Liebe"
ISBN: 978-3-7392-3489-2

„Seelenklänge"
ISBN: 978-3-7392-3532-5

„Liebeslied"
ISBN: 978-3-7392-3548-6

„Wahre Traumtänzerin"
ISBN: 978-3-7392-3556-1

„Emilia Sommerfeld"
ISBN: 978-3-7392-3787-9

„Für mich war es Liebe"
ISBN: 978-3-8423-5362-6

„Kaleidoskop"
ISBN: 978-3-8423-5738-9

„Die verzauberte Wiese"
ISBN: 978-3-7412-0772-3

„Seelenbrücke"
ISBN: 978-3-7412-0890-4

„Wetterleuchten"
ISBN: 978-3-7412-2740-0

„Zentrifuge"
ISBN: 978-3-7412-4011-9

„Für Dich"
ISBN: 978-3-7412-4018-8

„Hannos Geschichten"
ISBN: 978-3-7412-9373-3

„Das Eulenherz"
ISBN: 978-3-7431-0009-1

„Eine Reise irgendwo hin"
ISBH: 978-3-7421-0042-8

„Ist das wirklich wahr?"
ISBN: 978-3-7431-1549-1

„Stille Momente"
ISBN: 978-3-7431-1586-6

„Engelszwirn"
ISBN: 978-3-7431-1594-1

„Anders"
ISBN: 978-3-7448-3582-4

„Wenn es spricht"
ISBN: 978-3-7448-3583-1

„Jonas und die Himmelsleiter"
ISBN: 978-3-7448-5452-8

„Farbenregen"
ISBN: 978-3-7448-5453-5

„Wellenfarbe"
ISBN: 978-3-7448-7311-6

Blanchefleur
ISBN: 978-3-7448-7415-1

„Winterzauber"
ISBN: 978-3-7448-9885-0

„Seele was denkst du dir?"
ISBN: 978-3-7448-9937-6

"Der Südwind
der aus dem Norden kam"
ISBN: 978-3-7448-8206-4

"Erinnerungsblick"
ISBN: 978-3-7460-1281-0

„Mosaik" Gefühle und Gedanken
Gedichte
ISBN:978-3-7460-1320-6

„Begegnung"
ISBN: 978-3-7460-9595-0

„Sternenozean"
ISBN:978-3-7460-9685-8

„Himmelsstern"
ISBN: 978-3-7528-5012-3

Weitere Informationen zu Neuerscheinungen finden Sie immer auf meiner Seite

www.buchkaleidoskop.Reikipraxis-Goeritz.de